世界一楽しい漢字カード帳

# うんこ
# かん字カード

## 小学 1年生

文響社

# もくじ CONTENTS

# カードの特長と使い方



本書はひらがな・カタカナと、小学1年生で習う漢字すべてをカードとして収録しています。

ミシン目にそってカードを切りはなしましょう。あらかじめ穴が開いているので，市はんのカード用リングでとじて使いましょう。

カードをめくってオモテ面とウラ面をそれぞれ確認し，ひらがな・カタカナ・漢字の書き方や読み方を確認しましょう。うんこ例文も確認しましょう。

覚えたいひらがな・カタカナ・漢字をまとめて持ち運ぶことで，いつでもどこでも学習を進めることができます。

# カードの構成

## オモテ

### ❶親字
「とめ」「はね」「はらい」などのポイントや書き順など、ていねいな字を書くためのコツが載っています。

### ❷対応するひらがな
※カタカナのみ

### ❸ことば
※ひらがな・カタカナのみ
その文字が使われていることばが載っています。

### ❹音読み・訓読み
※漢字のみ
音読みはカタカナ、訓読みはひらがなで記しています。赤い字は送りがなです。小学校で習わない読み方は、（　）で記してあります。

**ひらがな・カタカナ**

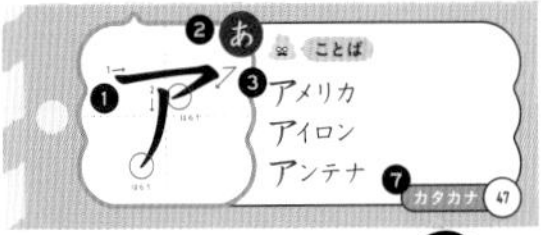


**漢字**

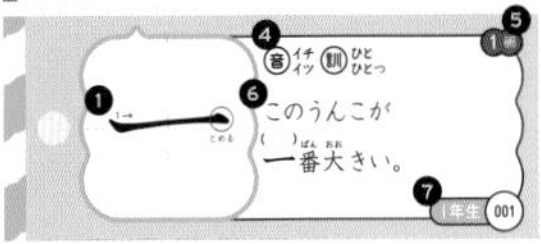


### ❺画数　※漢字のみ

### ❻うんこ例文　※漢字のみ

### ❼カテゴリ・番号
ひらがな・カタカナ・習う学年（漢字）の分類と、通し番号が載っています。

## ウラ

**全カード共通**

ウラには、うんこ例文が載っています。その文字が空らんになっているので、何も見ずに書けるか、挑戦してみましょう。

# 作ろう! オリジナル うんこ漢字カード



このカード帳には、31ページと55ページに、親字や音読み・訓読みやうんこ例文などが空白になっているカードがあります。

これらのカードは、他のカードの内容を書き写せば、予備のカードとして使うことができます。

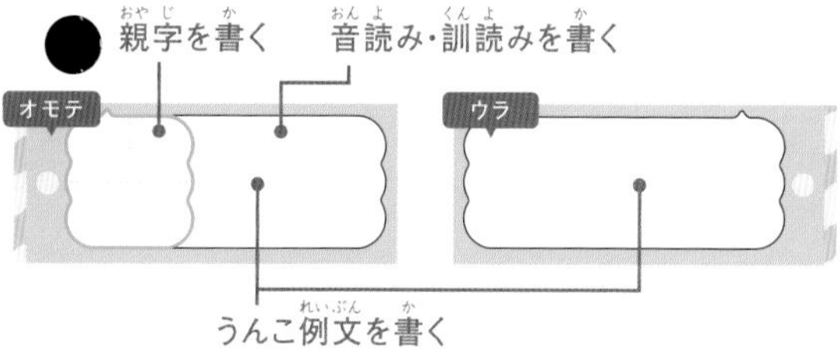


## 一部を空白にする

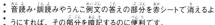

- うんこますの中の書き順や音読み・訓読みを空白にして、答えを考えるようにすれば、その部分をよく覚えられます。

## 覚えたい部分をオレンジやピンクのペンで記入し、市はんの赤シートを使って消える文字にする

- 音読み・訓読みやうんこ例文の答えの部分を赤シートで消えるようにすれば、その部分を暗記するのに便利です。

## オリジナルのうんこ例文を作成する

- うんこ例文の部分を自分で考えて書くことで、この世に一つだけのオリジナルカードを作ることができます。自分のお気に入りのうんこ例文で覚えれば、より強く記憶に残せるでしょう。

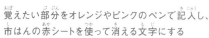

# おうちの方へ

本書に掲載されている内容は，学習にユーモアを取り入れ，お子様の学習意欲向上に役立てる目的で作成されたフィクションです。一部の例文において，お子様が実際に真似されますと，他の方に迷惑をおかけするような内容も含まれておりますが，本書はあくまでも学習用であり，お子様の不適切な行為を助長することを意図しているものではありませんので，ご理解いただきますようお願い申し上げます。


## うんこかん字カード　小学1年生

作　　者　古屋雄作
デザイン　小寺練＋渋谷陽子
DTP制作　浅山実結
イラスト　大木貴子
　　　　　小寺練
　　　　　ヘロシナキャメラ
企画・編集　近藤功

発行者　山本周嗣
発行所　株式会社文響社
〒105-0001
東京都港区虎ノ門2-2-5　共同通信会館9F
ホームページ　https://bunkyosha.com
お問い合わせ　info@bunkyosha.com
印　刷　日本ハイコム株式会社
製　本　古宮製本株式会社／有限会社高田紙器工業所




ISBN コード: 978-4-86651-503-8　Printed in Japan
この本に関するご意見・ご感想をお寄せいただく場合は、郵送またはメール(info@bunkyosha.com)にてお送りください。

ことば

あかるい・あいさつ
あし
あつい

ひらがな 01

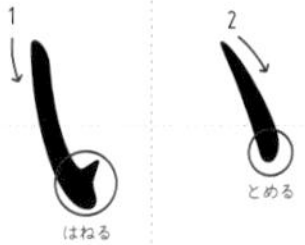


ことば

いぬ・いっしょ
いえ
いつも

ひらがな 02

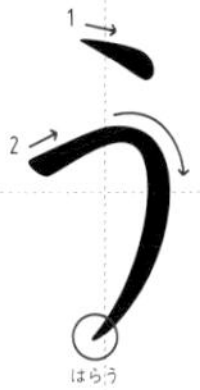


ことば

うんこ・うえ
うちわ
うる

ひらがな 03

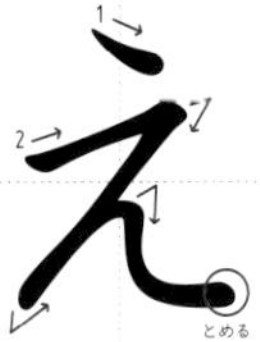


ことば

えき・えらい
えんとつ
えいが

ひらがな 04

□かるい おとこのこが
うんこに □いさつを
して いる。

01 ひらがな

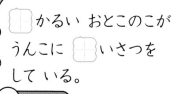

ぼくは □ぬと
□っしょに うんこを
するのが すきです。

02 ひらがな

□んこを つくえの □えに
のせて、□ちわで
あおぐ。

03 ひらがな

□きの まえで
□らい ひとが うんこを
くばって いた。

04 ひらがな

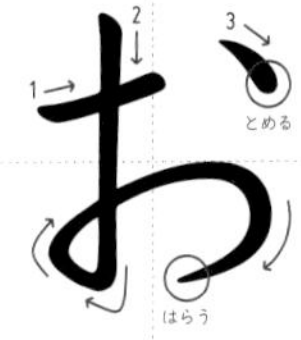


ことば

おおきい・おの
おに
おばけ

ひらがな 05

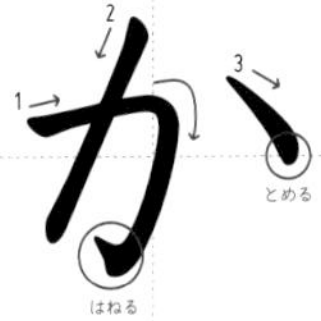


ことば

かお・からだ
かぎ
かがみ

ひらがな 06

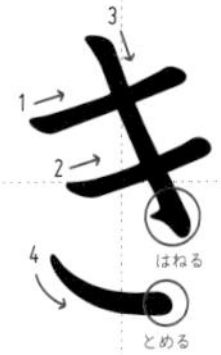


ことば

きりん・きょうそう
きる
きせつ

ひらがな 07

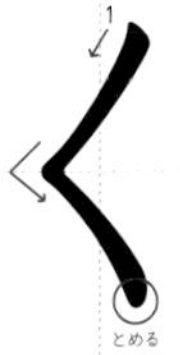


ことば

くるま・くる
くつした
くわがたむし

ひらがな 08

□□きい うんこを
□ので たたきわる。

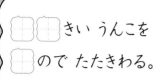

05 ひらがな

□おと □らだが
うんこに なって しまった。

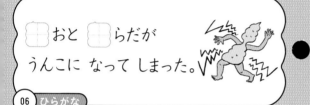

06 ひらがな

□りんの うんこの
ところまで □ょうそうだ。

07 ひらがな

うんこを のせた □るまが
はしって □るぞ。

08 ひらがな

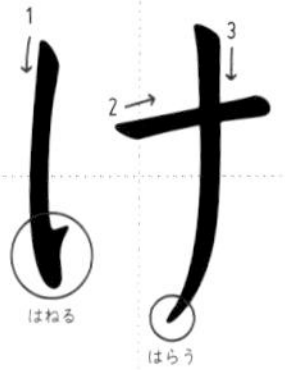


ことば

けん・けが
けむり
けいと

ひらがな 09

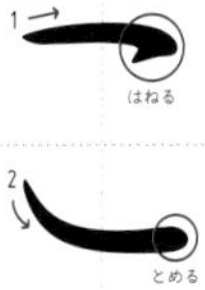


ことば

こども・こま
こうじょう
こくばん

ひらがな 10

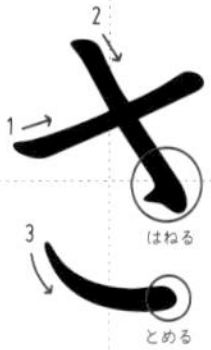


ことば

さくら・さんかく
さかな
さかだち

ひらがな 11

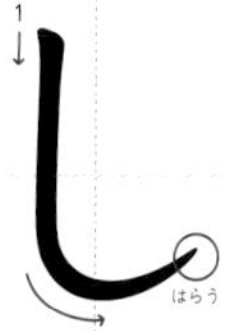


ことば

しまうま・しあわせ
しか
しっぱい

ひらがな 12

□んを もった まま
うんこを すると、
□がを するよ。

09 ひらがな

□どもが うん□を
□まのように
まわして あそぶ。

10 ひらがな

□くらの きの したで、
□んかくの うんこを
みつけました。

11 ひらがな

□まうまの うんこが
みられて □あわせだ。

12 ひらがな

# す

はらう

ことば

すいとう・すわる
すずめ
すごい

ひらがな 13

# せ

とめる

ことば

せなか・せいこう
せみ
せかい

ひらがな 14

# そ

とめる

ことば

そと・そら
そり
そうじ

ひらがな 15

# た

とめる

ことば

たいそう・たいへん
たのしい
たんぽぽ

ひらがな 16

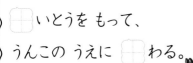

□いとうを もって、
うんこの うえに □わる。

13 ひらがな

□なかに うんこを
100こ おく ことに
□いこうした。

14 ひらがな

□とへ でて、
□らを みながら
うんこでも しようよ。

15 ひらがな

□いそうを しながら
うんこを するのは
□いへんだ。

16 ひらがな

ひらがな
HIRAGANA

ことば

ちきゅう・ちいさい
ちず
ちから

ひらがな 17

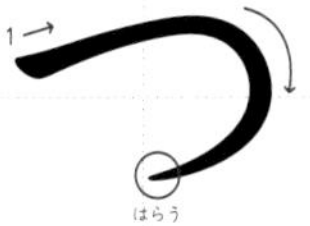


ことば

つばさ・つかう
つくえ
つよい

ひらがな 18

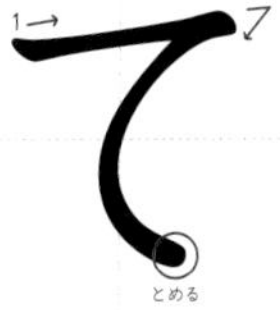


ことば

てつぼう・てつだう
てぶくろ
てんき

ひらがな 19

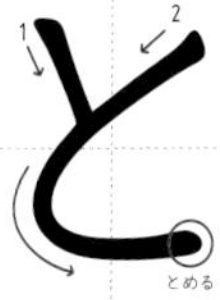


ことば

ともだち・とげ
とけい
とても

ひらがな 20

これは □きゅうで
2ばんめに
□いさい うんこです。

17 ひらがな

□ばさの ある うんこが、
まほうを □かう。

18 ひらがな

□つぼうに うんこを
つるすのを □つだう。

19 ひらがな

□もだちが、□げの ある
うんこを みせて くれました。

20 ひらがな

ことば

なわとび・なまえ
ななめ
なべ

ひらがな 21

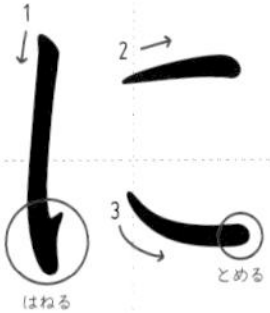


ことば

にじ・にこにこ
にわとり
にげる

ひらがな 22

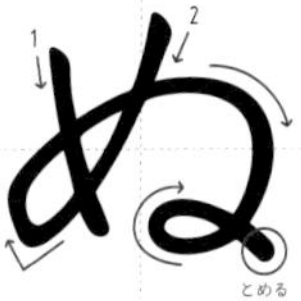


ことば

ぬりえ・ぬぐ
ぬる
ぬの

ひらがな 23

ことば

ねんど・ねむる
ねこ
ねだん

ひらがな 24

□わとびと
うんこには、□まえを
かいて おきましょう。

21 ひらがな

□じを みながら □こ
□こ わらって うんこを
して いる おじさんが いる。

22 ひらがな

うんこの □りえを する
まえに、ふくを □ぐ。

23 ひらがな

□んどで つくった
うんこの うえで □むる。

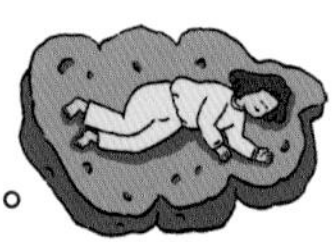

24 ひらがな

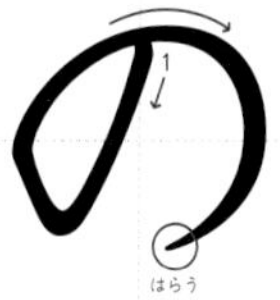


ことば

のこぎり・のばす
のり
のはら

ひらがな 25

ことば

はさみ・はしる
はっぱ
はた

ひらがな 26

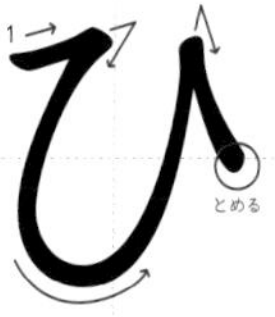


ことば

ひかり・ひげ
ひまわり
ひつよう

ひらがな 27

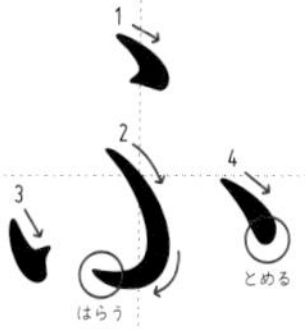


ことば

ふうとう・ふしぎ
ふね
ふつう

ひらがな 28

□こぎりで きった うんこを、
なるべく ながく □ばす。

25 ひらがな

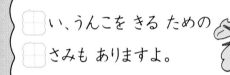

□い、うんこを きる ための
□さみも ありますよ。

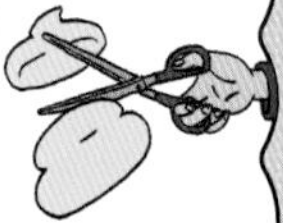

26 ひらがな

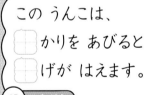

この うんこは、
□かりを あびると
□げが はえます。

27 ひらがな

□うとうの なかに、
□しぎな いろの
うんこが はいって いた。

28 ひらがな

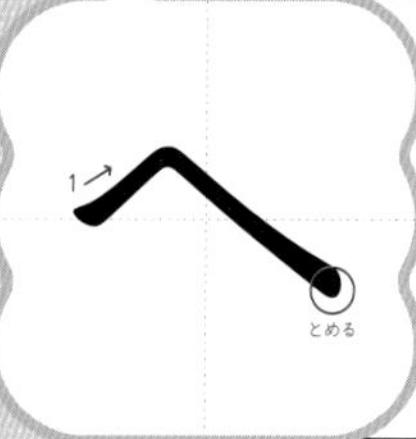


ことば

へん・へび
へそ
へちま

ひらがな 29

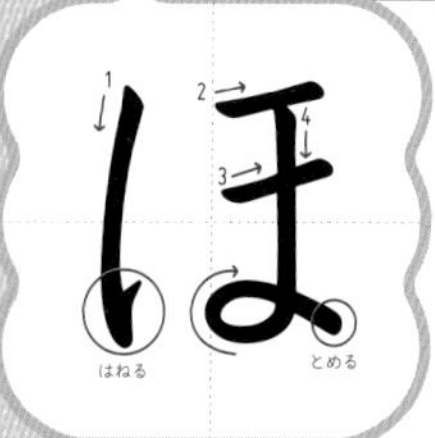


ことば

ほんとう・ほうせき
ほたる
ほしい

ひらがな 30

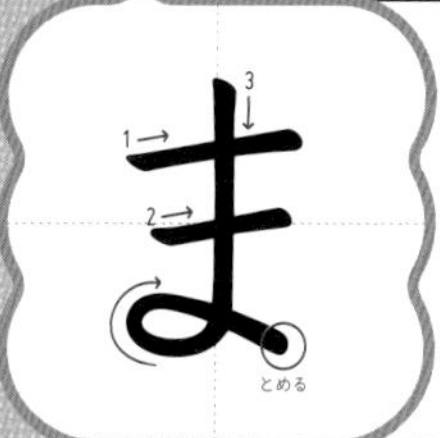


ことば

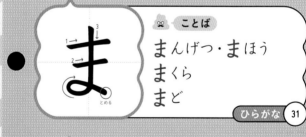

まんげつ・まほう
まくら
まど

ひらがな 31

ことば

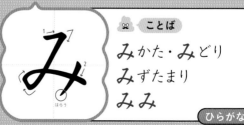

みかた・みどり
みずたまり
みみ

ひらがな 32

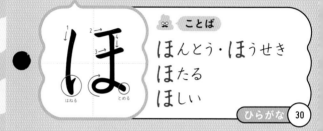

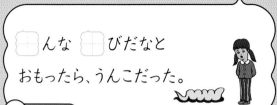

□んな □びだなと
おもったら、うんこだった。

29 ひらがな

これは □んとうは □うせきでは
なく、うんこだ。

30 ひらがな

□んげつを みると
うんこに なる
□ほうを かけられた。

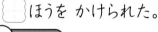

31 ひらがな

□かたの うんこは
□どり、てきの
うんこは あかです。

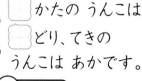

32 ひらがな

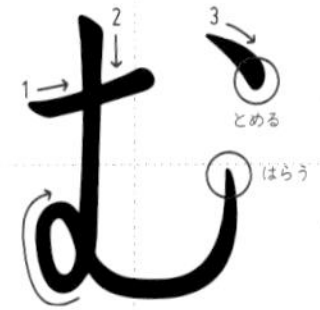


ことば

むかし・むら
むし
むり

ひらがな 33

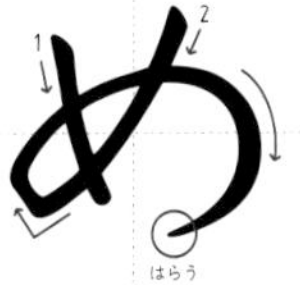


ことば

めずらしい・めがね
めだつ
めいろ

ひらがな 34

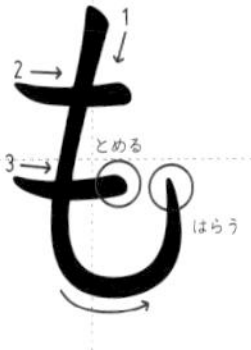


ことば

もうふ・もらう
もぐら
もんだい

ひらがな 35

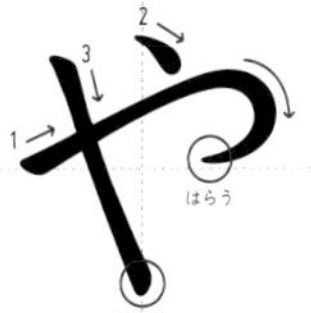


ことば

やね・やくそく
やま
やさしい

ひらがな 36

□かし、うんこで できた
□らが あったそうだ。

33 ひらがな

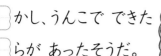

これは、うんこだけが
みえなく なる □ずらしい
□がねです。

34 ひらがな

うんこに かける ための
□うふを □らう。

35 ひらがな

おとうさんと、□ねの
うえで うんこを する
□くそくを した。

36 ひらがな

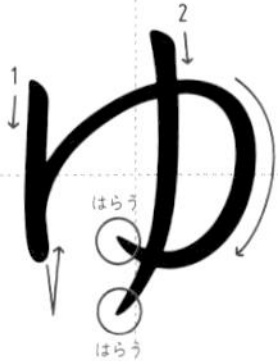


ことば

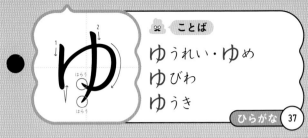

ゆうれい・ゆめ
ゆびわ
ゆうき

ひらがな 37

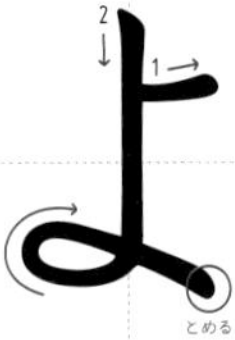


ことば

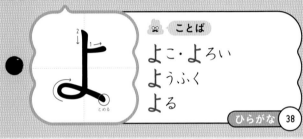

よこ・よろい
ようふく
よる

ひらがな 38

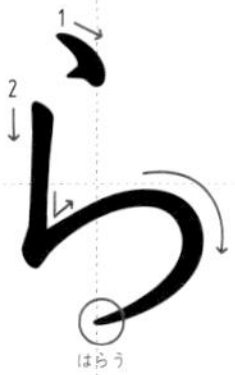


ことば

らいねん・らくだ
らっぱ
はらっぱ

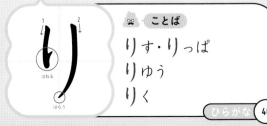

ひらがな 39

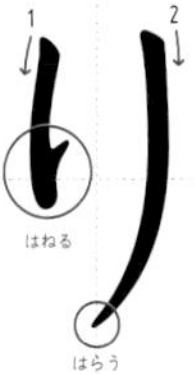


ことば

りす・りっぱ
りゆう
りく

ひらがな 40

うんこの □うれいと
あそぶ □めを みた。

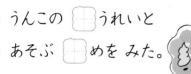

37 ひらがな

うんこの □こに、
□ろいを きた
ひとが たって いる。

38 ひらがな

□いねんの
たんじょうびは、□くだの
うんこが ほしいな。

39 ひらがな

□すの うんことは
おもえない ほど
□っぱだ。

40 ひらがな

# る

ことば

るすばん・つる
あるく
ざる

ひらがな 41

# れ

はらう

ことば

れんが・れんしゅう
れつ
れいぞうこ

ひらがな 42

# ろ

はらう

ことば

ろうそく・よろこぶ
ろうか
うしろ

ひらがな 43

# わ

はらう

ことば

わに・わくわく
わすれる
わなげ

ひらがな 44

□すばんを して いたら、
つ□が うんこを
もって やって きた。

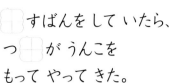

41 ひらがな

□んがの うえに
うんこを つむ
□んしゅうを した。

42 ひらがな

うんこに □うそくを
たてたら、おとうとは
きっと よ□こぶとおもう。

43 ひらがな

□にの うんこが
もらえると おもうと
□く□くする。

44 ひらがな

# を

1 2 3
とめる

**ことば**

きをきる
じをかく

ひらがな 45

# ん

1
はらう

**ことば**

ほん・たくさん
たんけん
ふうせん

ひらがな 46

うんこに のぼって
き□ きる。

45 ひらがな

ぼくの ちちは、
う□この ほ□を
たくさ□ もって います。

46 ひらがな

あ

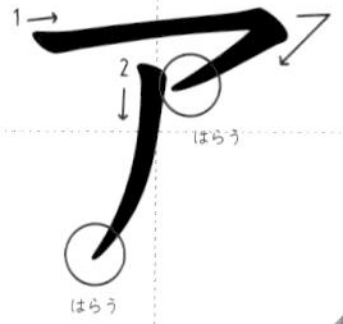


ことば

アメリカ
アイロン
アンテナ

カタカナ 47

い

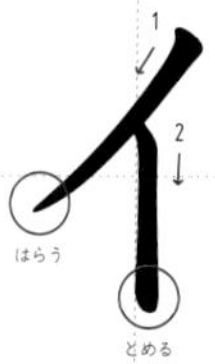


ことば

イヤリング
インク
イラスト

カタカナ 48

う

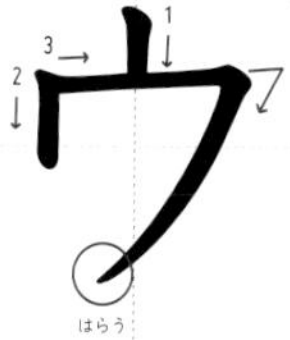


ことば

ウクレレ
ウイルス
ウインク

カタカナ 49

え

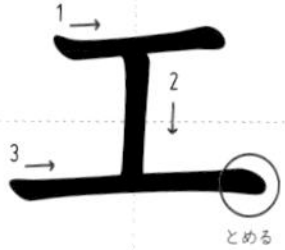


ことば

エネルギー
エアコン
エプロン

カタカナ 50

おじさんが □メリカの
うんこを おくって くれた。

47 カタカナ

□ヤリングの かわりに、
みみに うんこを
つけて おこう。

48 カタカナ

うんこに □クレレの
おとを きかせて みた。

49 カタカナ

この のりものは、
うんこを □ネルギーに
して うごく。

50 カタカナ

お

ことば

オルゴール
オルガン
オレンジ

カタカナ 51

か

ことば

カメラ
カーテン
カンガルー

カタカナ 52

き

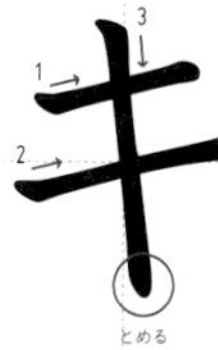


ことば

キック
キッチン
キング

カタカナ 53

く

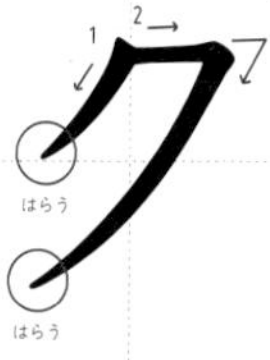


ことば

クッション
クリスマス
クレーン

カタカナ 54

□ルゴールの はこを
あけると、なかから
うんこが でてきた。

51 カタカナ

もっと □メラに うんこを
ちかづけて ください。

52 カタカナ

この うんこは
おもいっきり □ック
しても だいじょうぶです。

53 カタカナ

□ッションだと
おもって だきしめて
いたら、うんこだった。

54 カタカナ

## け

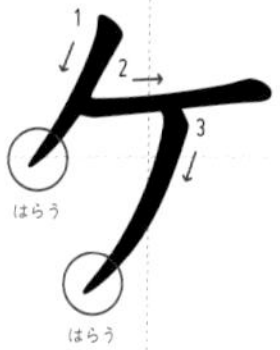


ことば

ケーブルカー
ケチャップ
ケース

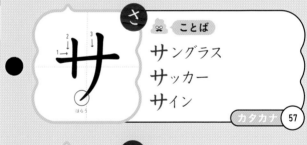

カタカナ 55

## こ

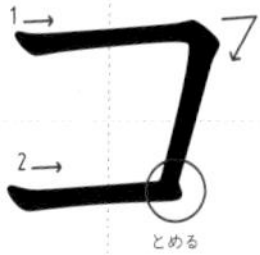


ことば

コイン
コップ
コスモス

カタカナ 56

## さ

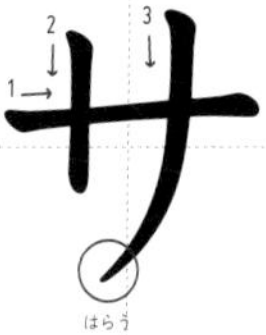


ことば

サングラス
サッカー
サイン

カタカナ 57

## し

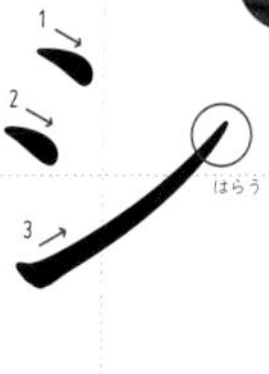


ことば

シール
シーソー
シンバル

カタカナ 58

うんこを
□ーブルカーに のせて
やまの うえまで はこぶ。

55 カタカナ

□インの うらに、
うんこの えが
かかれて いた。

56 カタカナ

あそこで □ングラスを
かけて うんこを して
いるのが ちちです。

57 カタカナ

うんこに はった
□ールが ぜんぜん
はがれない。

58 カタカナ

## す

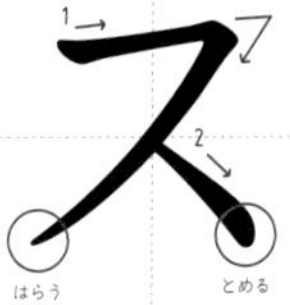


ことば

スピード
スイッチ
スリッパ

カタカナ 59

## せ

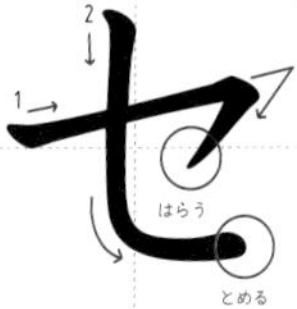


ことば

セール
セーター
セーフ

カタカナ 60

## そ

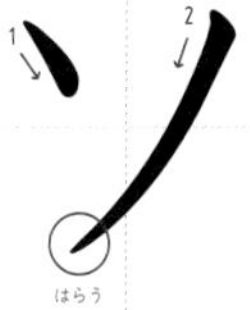


ことば

ソックス
パラソル
ソファー

カタカナ 61

## た

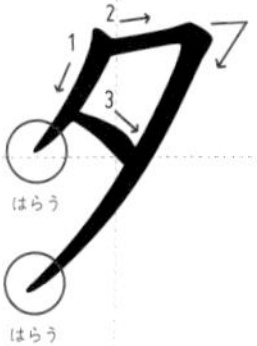


ことば

タンバリン
タクシー
タワー

カタカナ 62

ものすごい □ピードで
うんこが とんで きた。

59 カタカナ

あそこの おみせで
うんこの □ールを
やって いるよ。

60 カタカナ

うんこの がらが
はいった □ックスを
かって もらった。

61 カタカナ

うんこを みて いると、
□ンバリンを
たたきたく なる。

62 カタカナ

## ち

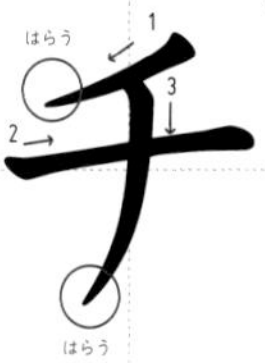


ことば

チンパンジー
チーター
ハンカチ

カタカナ 63

## つ

ことば

ブーツ
バケツ
シャツ

カタカナ 64

## て

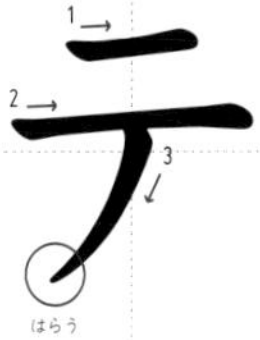


ことば

テント
テーブル
ガムテープ

カタカナ 65

## と

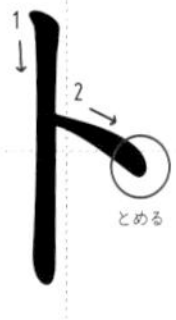


ことば

トランポリン
トラック
トランペット

カタカナ 66

□ンパンジーが
なげて きた うんこを
ぎりぎりで よけた。

63 カタカナ

ブー□を はいた あしで
うんこを ふみつける。

64 カタカナ

□ントの なかは
うんこが いっぱいで
はいれません。

65 カタカナ

うんこが □ランポリンの
うえで はねて いる。

66 カタカナ

## な

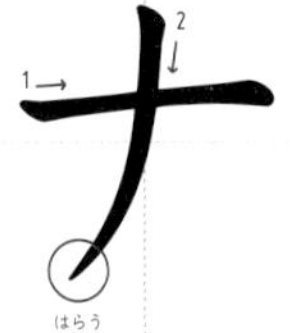


ことば

ナイフ
ファスナー
ナプキン

カタカナ 67

## に

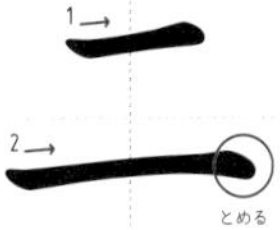


ことば

ハーモニカ
テニス
ビニール

カタカナ 68

## ぬ

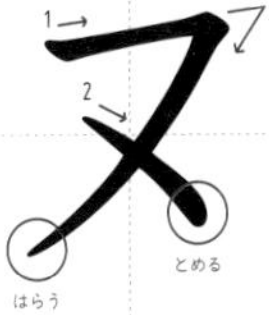


ことば

カヌー
ヌードル

カタカナ 69

## ね

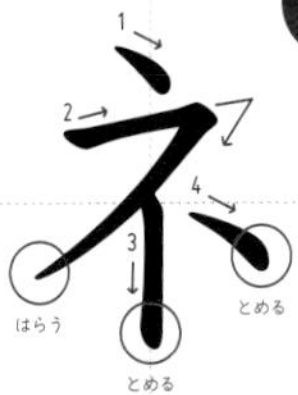


ことば

ネックレス
ネクタイ
ネット

カタカナ 70

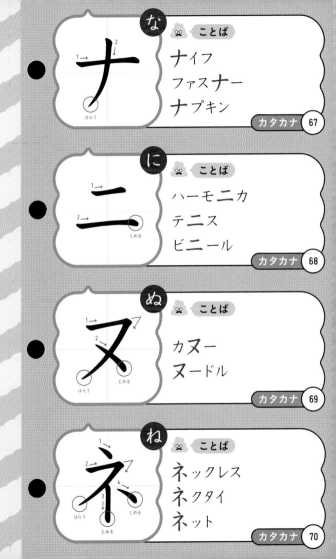

□イフのように
するどい うんこだ。

67 カタカナ

あにが うんこを しながら
ハーモ□カを
ふいて いる。

68 カタカナ

うんこを カ□ーに
のせて はこぼう。

69 カタカナ

よく みると、
□ックレスが
うんこで できて いる。

70 カタカナ

の

ことば

ノート
ノック
ピアノ

カタカナ 71

は

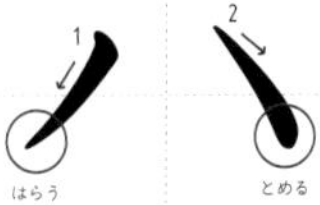


ことば

ハンドル
ハンガー
ハート

カタカナ 72

ひ

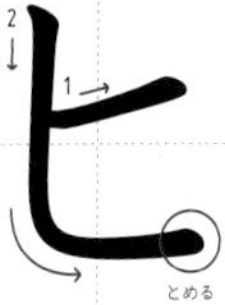


ことば

ヒント
ヒーロー
ヒヤシンス

カタカナ 73

ふ

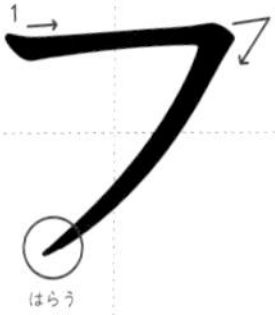


ことば

フライパン
フード
フラミンゴ

カタカナ 74

□ートを ひらくと、
「うんこ」と いう もじが
100こ かいて あった。

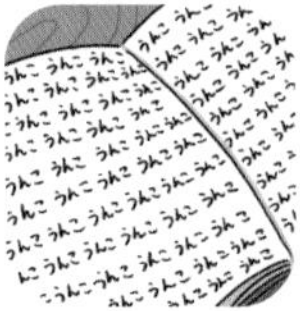

71 カタカナ

□ンドルが ついた
うんこを みつけた。

72 カタカナ

□ントは うんこの
うらがわに かいて あるよ。

73 カタカナ

□ライパンで
うんこを ぺちゃんこに
たたきつぶす。

74 カタカナ

へ

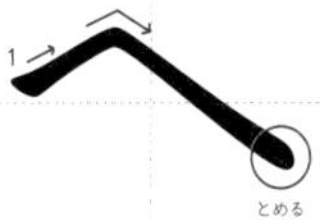


ことば

ヘリコプター

ヘルメット

ヘッドホン

カタカナ 75

ほ

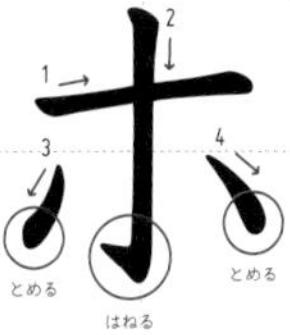


ことば

ホース

ホテル

ホイッスル

カタカナ 76

ま

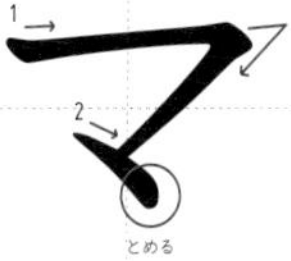


ことば

マンモス

マーク

マスク

カタカナ 77

み

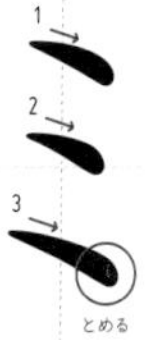


ことば

ミニカー

ミシン

ミキサー

カタカナ 78

この うんこは
おおきすぎるので、
□リコプターで はこぼう。

75 カタカナ

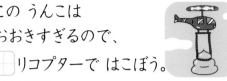

じゃぐちを ひねったら、
□ースから
うんこが でて きた。

76 カタカナ

それは □ンモスの
うんこじゃ なくて、
ぼくの うんこだ。

77 カタカナ

□ニカーに うんこを
のせて さかみちを
はしらせた。

78 カタカナ

むムmu
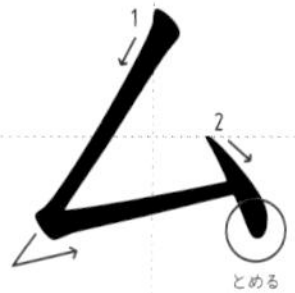


ことば

ハムスター
アルバム
チャイム

カタカナ 79

め
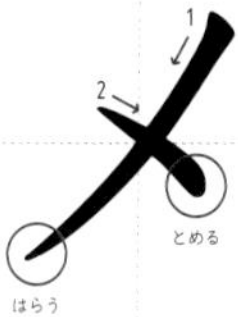


ことば

メダル
メモ
メロディー

カタカナ 80

も
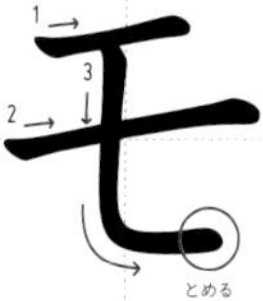


ことば

モデル
モノレール
モップ

カタカナ 81

や
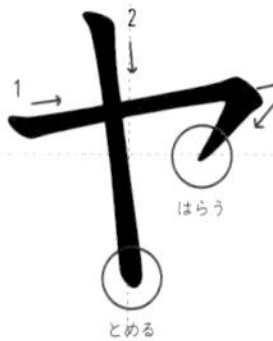


ことば

タイヤ
ドライヤー
イヤホン

カタカナ 82

ハ□スターが
うんこの あいだを
すばやく はしりぬけた。

79 カタカナ

あそこに うんこを
もって いくと、□ダルと
こうかんして くれるよ。

80 カタカナ

かわいい □デルが
うんこを もって ポーズを
とって いる。

81 カタカナ

うんこに
タイ□を つけて
ころがして みよう。

82 カタカナ

ゆ

ユ

1 2
とめる

ことば

ユニホーム
ユーカリ
ユニーク

カタカナ 83

よ

ヨ

1 2 3
とめる

ことば

ヨット
ヨーヨー
ヨーロッパ

カタカナ 84

ら

ラ

1 2
はらう

ことば

ランプ
ラケット
プロペラ

カタカナ 85

り

リ

1 2
はらう

ことば

リモコン
リボン
リコーダー

カタカナ 86

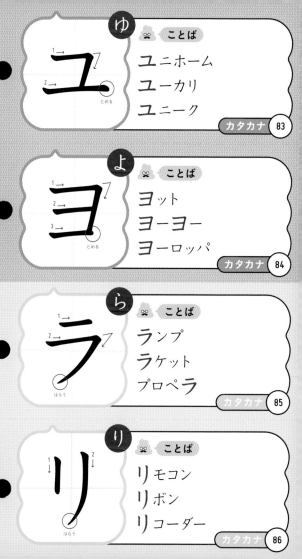

あには うんこを
する とき、わざわざ
□ニホームに きがえる。

83 カタカナ

□ットに のって、
うんこで できた しまを
さがしに いこう！

84 カタカナ

うんこが よく
みえないので、□ンプで
てらして ください。

85 カタカナ

この □モコンを つかうと、
うんこが うごかせるよ。

86 カタカナ

る

ル

1 2 はらう はらう

ことば

ルーレット
ルビー
ゴール

カタカナ 87

れ

レ

1 はらう

ことば

レインコート
プレゼント
レース

カタカナ 88

ろ

ロ

1 2 3 とめる

ことば

ロープ
ロボット
ロケット

カタカナ 89

わ

ワ

1 2 はらう

ことば

ワゴン
ワッペン
シャワー

カタカナ 90

うんこを する
じゅんばんは
□ーレットで きめよう。

87 カタカナ

うんこに きせる
□インコートは
ありますか?

88 カタカナ

□ープで しばった
はずの うんこが、
また うごいて いる。

89 カタカナ

うんこを □ゴンに
のせて となりの
きょうしつに もって いく。

90 カタカナ

を

ヲ

1 → 2 → 3
はらう

「フ」や「シ」と
まちがえない
ようにのう。

カタカナ 91

ん

ン

1 → 2 →
はらう

ことば

ランドセル
マラソン
ペンギン

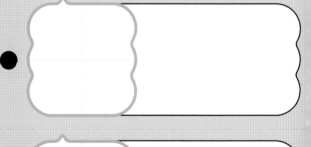

カタカナ 92

91 カタカナ

まちがえて ラ[ ]ドセルに
うんこを いれて
もって きて しまった。

92 カタカナ

1画

音 イチ・イッ　訓 ひと・ひとつ

このうんこが

（　）一番(ばん)大(おお)きい。

1年生 001

2画

音 ニ　訓 ふた・ふたつ

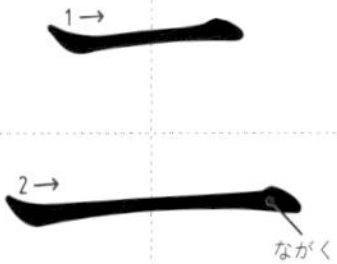


（　）二かいからうんこが

おちてくる。

1年生 002

3画

音 サン　訓 み・みつ・みっつ

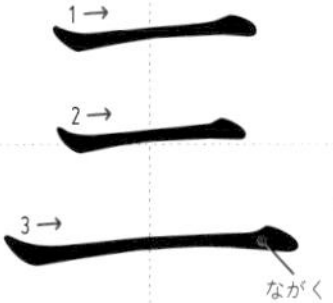


川原(かわら)で（　）三角(かく)のうんこを

見(み)つけました。

1年生 003

5画

音 シ　訓 よ・よつ・よっつ・よん

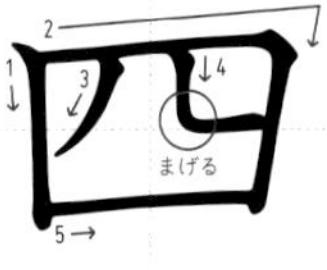


（　）四角(かく)いうんこなんて

めずらしい。

1年生 004

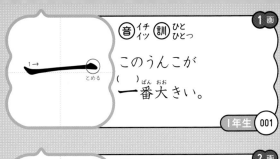

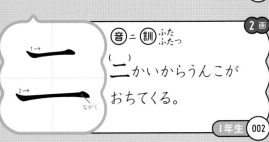

1画

うんこを□(ひと)つ
もって出(で)かけよう。

001 1年生

2画

うんこの上(うえ)に
すなが□(ふた)つぶのっている。

002 1年生

3画

□(みっ)つのうんこをつみかさねる。

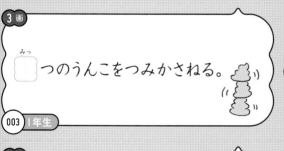

003 1年生

5画

おもいうんこを□(よ)人(にん)で
もち上(あ)げた。

004 1年生

4画

音 ゴ 訓 いつ・いつつ

五（　）本（ほん）のゆびでしっかりと
うんこをにぎる。

1年生 005

4画

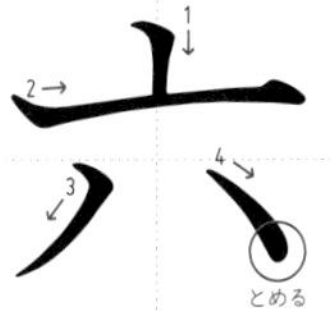


音 ロク 訓 む・むっ・むっつ・むい

ぼくは、六（　）月（がつ）になるまで
うんこをしないぞ。

1年生 006

2画

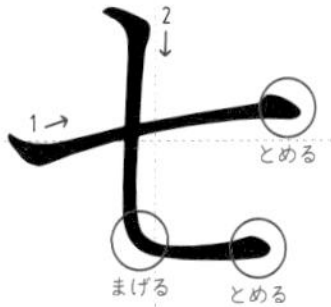


音 シチ 訓 なな・ななつ・なの

七（　）五（ご）三（さん）のきものに
うんこがついてしまった。

1年生 007

2画

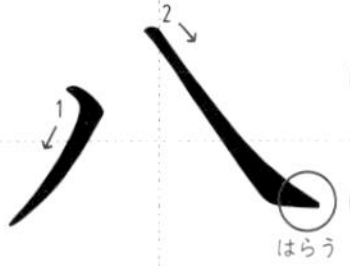


音 ハチ 訓 や・やつ・やっつ・よう

八（　）月（がつ）はあついので
うんこがとける。

1年生 008

4画

来月(らいげつ)の□(いつ)日(か)に
うんこの図(ず)かんがとどく。

005 1年生

4画

□(むい)日(か)前(まえ)と同(おな)じ形(かたち)のうんこが出(で)た。

006 1年生

2画

ありがとう。
これでうんこが□(なな)つそろったよ。

007 1年生

2画

このうんこの絵(え)をかくのに
□(よう)日(か)かかった。

008 1年生

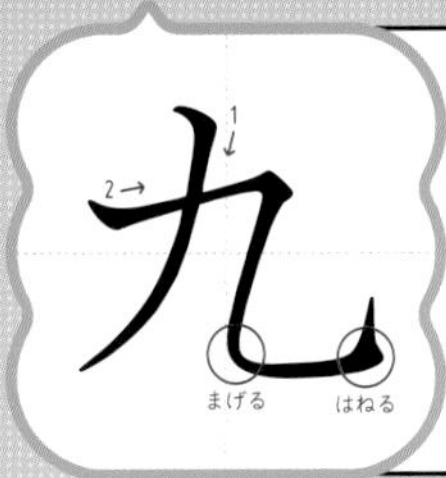


2画

音 キュウ ク　訓 ここの ここのつ

九このビー玉(だま)を
うんこにうめこもう。

1年生 009

2画

音 ジュウ ジッ〈ジュッ〉　訓 とお と

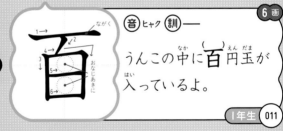

うんこを一(ひと)つ十円(えん)で
売(う)ります。

1年生 010

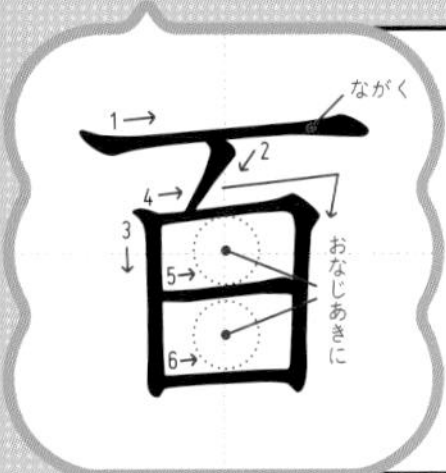


6画

音 ヒャク　訓 ——

うんこの中(なか)に百円(えん)玉(だま)が
入(はい)っているよ。

1年生 011

3画

音 セン　訓 ち

ぼくのうんこを千人(にん)が
見(み)に来(き)た。

1年生 012

2画

これが□(ここの)日(か)分(ぶん)のうんこだよ。

009 1年生

2画

□(とお)日(か)に一(いち)どはうんこをふんでいるね。

010 1年生

6画

うんこを□(ひゃく)年(ねん)がまんしている
おじいさん。

011 1年生

3画

お母(かあ)さんの□(せん)円(えん)さつに
うんこをのせたら
おこられた。

012 1年生

3画

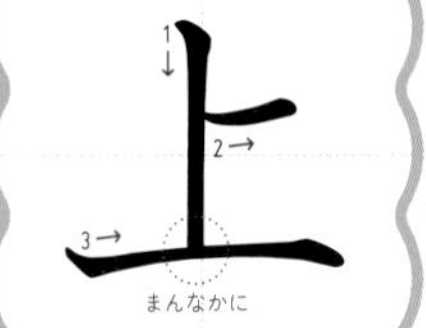

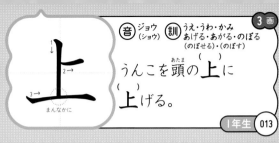

音 ジョウ（ショウ） 訓 うえ・うわ・かみ あげる・あがる・のぼる（のぼせる）・（のぼす）

うんこを頭（あたま）の上（　）に上（　）げる。

1年生 013

3画

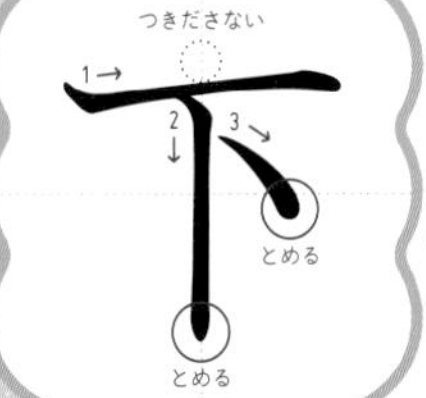


音 カ ゲ 訓 した・しも・（もと）・さげる さがる・くだる・くだす・くださる おろす・おりる

このお金（かね）は、うんこの下（　）にかくしておこう。

1年生 014

5画

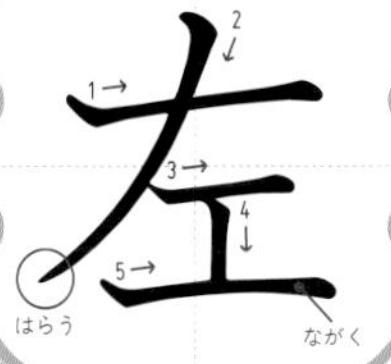


音 サ 訓 ひだり

左（　）手（て）でうんこをおさえて、右（みぎ）手（て）でチョップする。

1年生 015

5画

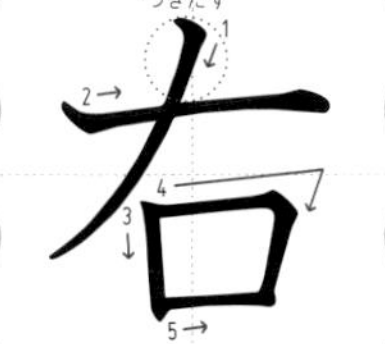


音 ウ ユウ 訓 みぎ

顔（かお）の右（　）がわにうんこがべったりとついている。

1年生 016

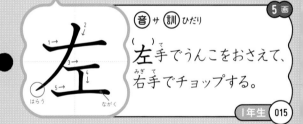

3画

川（かわ）□（かみ）から大（おお）きな
うんこがながれてきます。

013 1年生

3画

うんこをもらしながら、
川（かわ）□（しも）にむかって
およいだ。

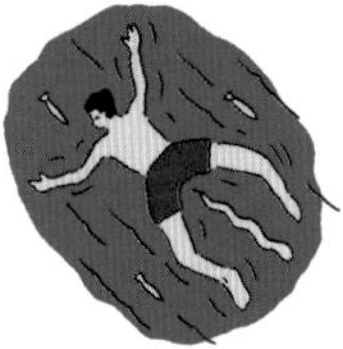

014 1年生

5画

体（たい）いくの先生（せんせい）が、
□（ひだり）足（あし）だけで立（た）って
うんこをしています。

015 1年生

5画

角（かど）を□（う）せつしたとたん、
うんこがとんできた。

016 1年生

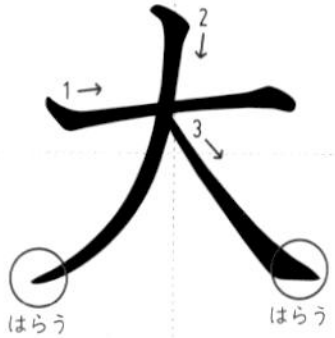


3画

音 ダイ タイ　訓 おお・おおきい おおいに

（　）大きなうんこが
道（みち）をふさいでいる。

1年生 017

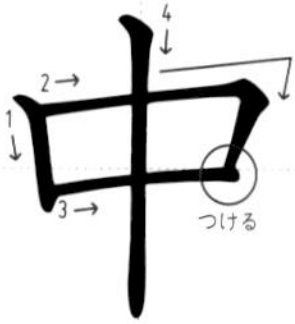


4画

音 チュウ ジュウ　訓 なか

ふでばこの（　）中に
うんこをしまいます。

1年生 018

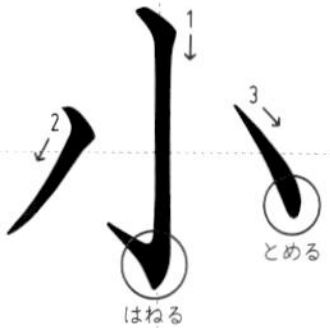


3画

音 ショウ　訓 ちいさい こ・お

（　）小さいうんこを
あつめて大（おお）きくする。

1年生 019

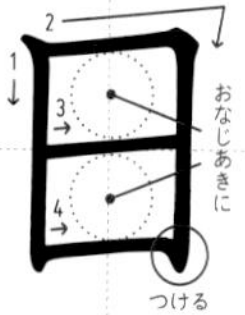


4画

音 ニチ ジツ　訓 ひ か

お（　）日さまが
ぼくのうんこをてらす。

1年生 020

3画

ぼくのうんこを□（たい）切（せつ）に
あずかってください。

017 1年生

4画

うんこの□（ちゅう）心（しん）に
わりばしをつきさそう。

018 1年生

3画

□（お）川（がわ）へうんこを
なげこんでいる
おじさんがいます。

019 1年生

4画

三（みっ）□（か）ぶりにうんこが出（で）た。

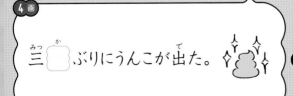

020 1年生

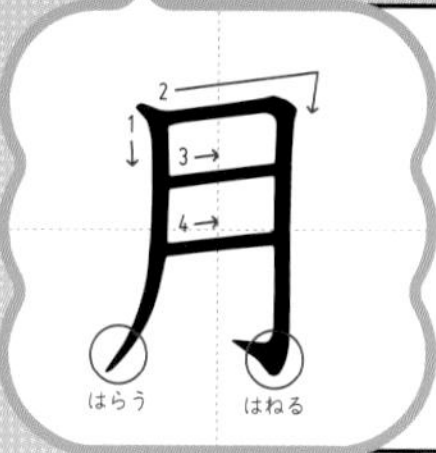


4画

音 ゲツ ガツ 訓 つき

（　）
月にむかって
うんこをなげる。

1年生 021

4画

音 カ 訓 ひ (ほ)

（　）
火であぶった
うんこをどうぞ。

1年生 022

4画

音 スイ 訓 みず

いくらうんこに
（　）
水をかけても
そだたないだろう。

1年生 023

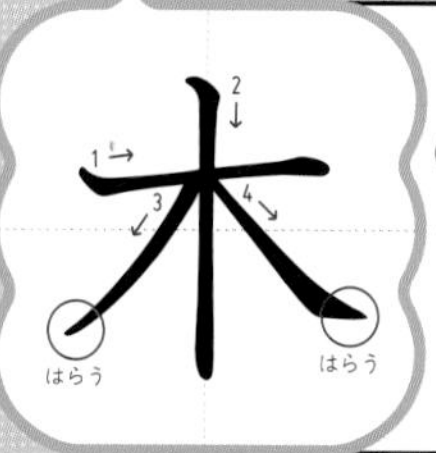


4画

音 ボク モク 訓 き こ

（　）
木にのぼって
うんこをする。

1年生 024

4画

お正(しょう)［　］(がつ)にはうんこをもって
あいさつに行(い)きます。

021 1年生

4画

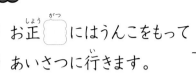

たき［　］(び)をかこんで
みんなでうんこをしたい。

022 1年生

4画

［　］(すい)道(どう)のじゃ口(ぐち)から
うんこが出(で)てきた。

023 1年生

4画

［　］(こ)かげにねころんだら、
うんこだらけだった。

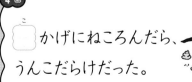

024 1年生

音 キン・コン　訓 かね・かな

8画

うんこの中(なか)に
お金がおちてしまった。

1年生 025

音 ド・ト　訓 つち

3画

きみのうんこは、
土の中(なか)に
うめておいたよ。

1年生 026

音 シュ　訓 て・(た)

4画

先生(せんせい)のお手本(ほん)どおりに
うんこをしてみましょう。

1年生 027

音 ソク　訓 あし・たりる・たる・たす

7画

足あとがつくくらい、
しっかりとうんこを
ふもう。

1年生 028

8画

□（きん）色（いろ）に光（ひか）りかがやくうんこ。

025 1年生

3画

ねん□（ど）とうんこをまぜてあそぼうか。

026 1年生

4画

うんこまみれの
□（て）であく□（しゅ）した。

027 1年生

7画

お金（かね）が□（た）りなくて、うんこが買（か）えない。

028 1年生

一年生
FIRST GRADE

5画

音 モク (ボク)　訓 め (ま)

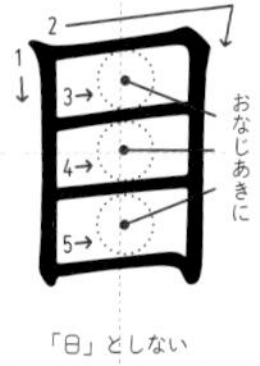


(目)にうんこが入(はい)った。

1年生 029

6画

音 (ジ)　訓 みみ

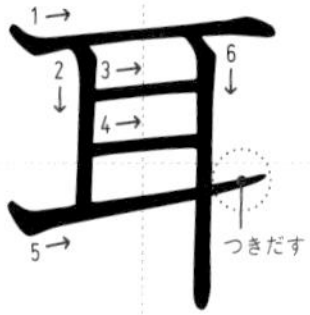


(耳)をすますと
うんこの音(おと)が聞(き)こえる。

1年生 030

3画

音 コウ ク　訓 くち

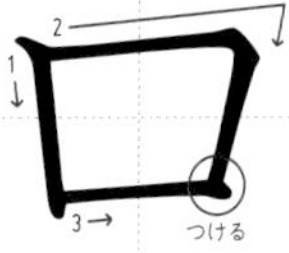

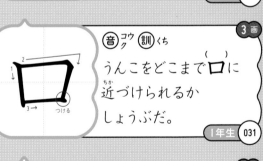

うんこをどこまで(口)に
近(ちか)づけられるか
しょうぶだ。

1年生 031

2画

音 ジン ニン　訓 ひと

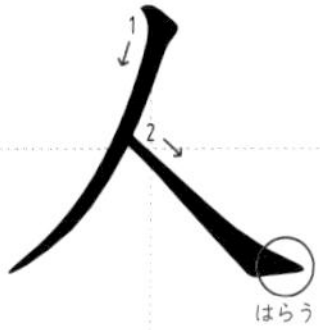


たくさんの(人)が
うんこの上(うえ)を歩(ある)いていく。

1年生 032

5画

お父(とう)さんの□(め)ざまし時計(どけい)に
うんこをのせておこう。

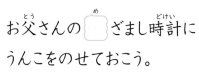

029 1年生

6画

ねている
お母(かあ)さんの□(みみ)元(もと)で
「うんこ。」とささやく。

030 1年生

3画

先生(せんせい)が強(つよ)い□(く)ちょうで
「うんこ!」とさけんだ。

031 1年生

2画

うんこで作(つく)られた□(にん)形(ぎょう)。

032 1年生

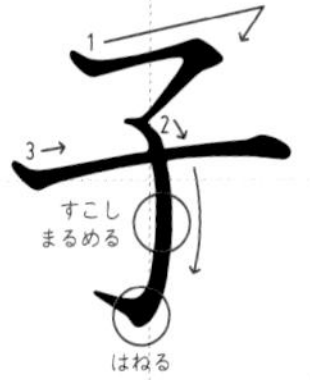


3画

音 シ ス　訓 こ

子どもたちがうんこに土(つち)をかけてあそんでいる。

1年生 033

7画

音 ダン ナン　訓 おとこ

うんこをもった大(おお)男が走(はし)ってくる。

1年生 034

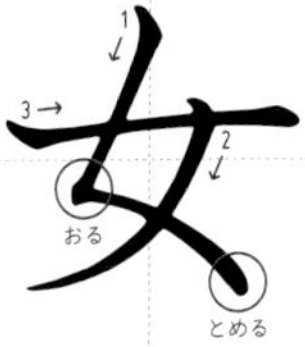


3画

音 ジョ・(ニョ) (ニョウ)　訓 おんな (め)

女の子(こ)の前(まえ)ではうんこの話(はなし)はやめておこう。

1年生 035

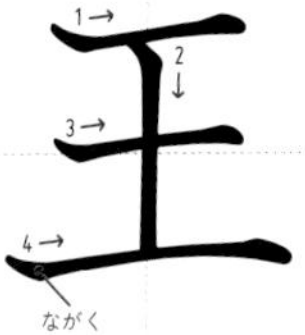


4画

音 オウ　訓 ―

王さまは、「うんこでしろを作(つく)れ。」とめいれいした。

1年生 036

3画

どうやら先生(せんせい)は
うんこをもらしたよう［　］(す)だ。

033 1年生

7画

［　］(だん)子(し)は一日中(いちにちじゅう)
うんこの話(はなし)をしています。

034 1年生

3画

雪(ゆき)［　］(おんな)のうんこはこおりかな。

035 1年生

4画

ここがうんこ［　］(おう)国(こく)か。

036 1年生

3画

音 サン 訓 やま

山のむこうにうんこを
はこぶしごと。

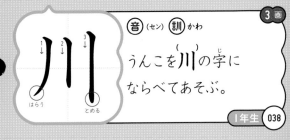

1年生 037

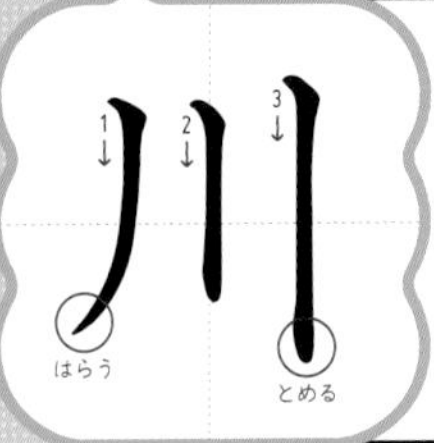


3画

音（セン） 訓 かわ

うんこを川の字（じ）に
ならべてあそぶ。

1年生 038

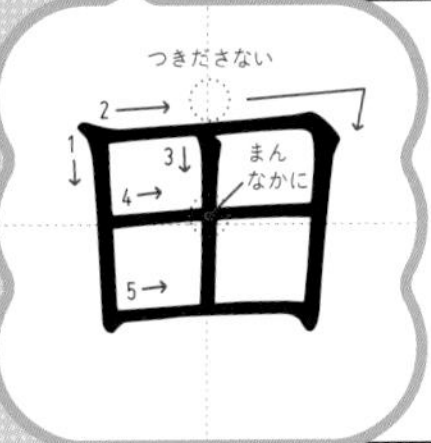


5画

音 デン 訓 た

田んぼのどまん中（なか）で
うんこをひろった。

1年生 039

5画

音 セキ・シャク（コク） 訓 いし

石をつかって
うんこをたたきつぶす。

1年生 040

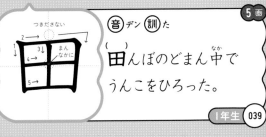

3画

火（か）□（さん）でうんこをするのはあぶないよ。

037 1年生

3画

うんこをはっぱにのせて
小（お）□（がわ）にながそう。

038 1年生

5画

□（た）うえをしながら
うんこをもらすおじいさん。

039 1年生

5画

じ□（しゃく）とじ□（しゃく）の間（あいだ）に
うんこをはさんでみよう。

040 1年生

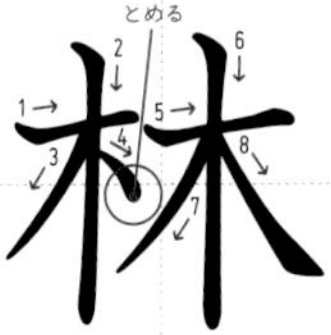


8画

音 リン　訓 はやし

林の中(なか)でうんこを八(やっ)つひろったよ。

1年生 041

12画

音 シン　訓 もり

森の中(なか)でおばけを見(み)て、うんこがもれた。

1年生 042

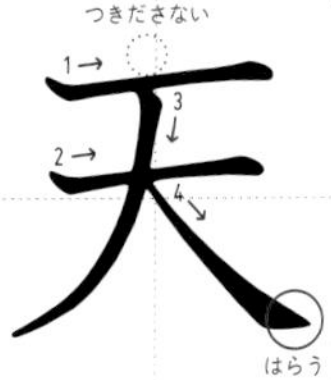


4画

音 テン　訓 (あめ) あま

今日(きょう)の天気(き)は、「はれときどきうんこ」です。

1年生 043

6画

音 キ ケ　訓 —

うんこもすっきり出(で)て、気もちのいい朝(あさ)だ。

1年生 044

8画

□（りん）間（かん）学（がっ）校（こう）に行（い）って
みんなでうんこをした。

041 1年生

12画

うんこでできた□（もり）。

042 1年生

4画

□（あま）の川（がわ）を見（み）ながらうんこをする。

043 1年生

6画

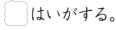

さっきからうんこの
□（け）はいがする。

044 1年生

**8画**

音 クウ 訓 そら・あく あける・から

うんこが空（　）に
うかんでいる。

1年生 045

**8画**

音 ウ 訓 あめ あま

大(おお)雨（　）でうんこがぜんぶ
ながされてしまった。

1年生 046

**3画**

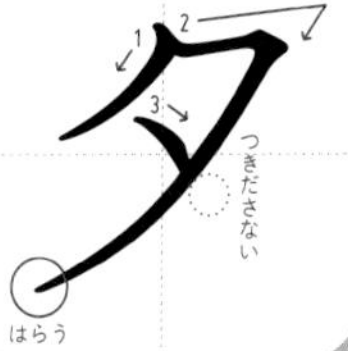


音 (セキ) 訓 ゆう

おじいちゃんが
夕（　）日(ひ)を見(み)ながら
うんこをしている。

1年生 047

**7画**

音 カ 訓 はな

うんこのような
花（　）を見(み)つけた。

1年生 048

8画

このふくろの中（なか）には
□（くう）気（き）とうんこが入（はい）っています。

045 1年生

8画

うんこなげ大会（たいかい）は
□（う）天（てん）でも行（おこな）います。

046 1年生

3画

このまま□（ゆう）方（がた）まで
うんこをがまんするぞ。

047 1年生

7画

夜空（よぞら）の□（はな）火（び）がぼくたちの
うんこをてらした。

048 1年生

9画

音 ソウ　訓 くさ

うんこに草花をかぶせる。

1年生 049

6画

音 チク　訓 たけ

竹やぶの中でうんこをふんづけた。

1年生 050

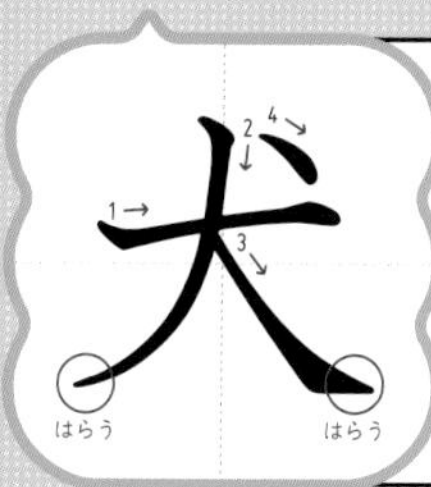


4画

音 ケン　訓 いぬ

子犬が、ぼくの足の上にうんこをした。

1年生 051

6画

音 チュウ　訓 むし

虫のうんこは小さすぎて見えない。

1年生 052

9画

ざっ□（そう）とうんこをまぜた
おだんごを作（つく）ります。

049 1年生

6画

□（たけ）とんぼにうんこを
つけてとばします。

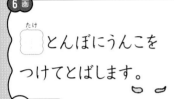

050 1年生

4画

うんこをまもる番（ばん）□（けん）。

051 1年生

6画

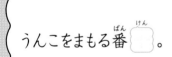

何（なに）かのこん□（ちゅう）とまちがえて
うんこをにぎりしめた。

052 1年生

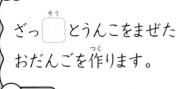

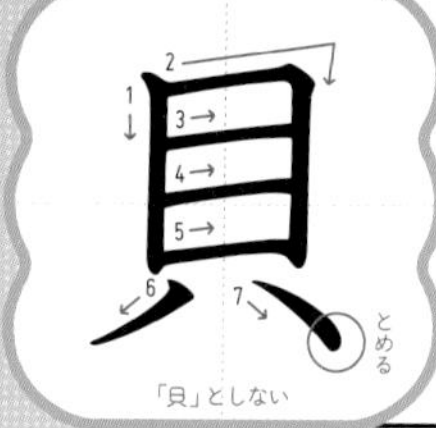


7画

音 —— 訓 かい

うんこのような（　）貝をひろったよ。

1年生 053

8画

音 ガク 訓 まなぶ

ぼくは小（　）学生だが、うんこは大きい。

1年生 054

10画

音 コウ 訓 ——

（　）校長先生のうんこを見に行く会。

1年生 055

6画

音 セン 訓 さき

（　）先生にうんこのなやみをそうだんしてみよう。

1年生 056

7画

□（かい）がらでうんこを
はさんでプレゼントしよう。

053 1年生

8画

うんこについて、もっと□（まな）びたい。

054 1年生

10画

学（がっ）□（こう）にうんこをもってきちゃだめだよ。

055 1年生

6画

ゆび□（さき）にうんこをのせて
バランスをとる。

056 1年生

**5画**

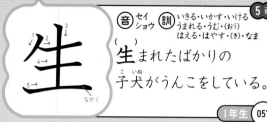

音 セイ・ショウ 訓 いきる・いかす・いける・うまれる・うむ・（おう）・はえる・はやす・（き）・なま

（生）まれたばかりの子犬（こいぬ）がうんこをしている。

1年生 057

**6画**

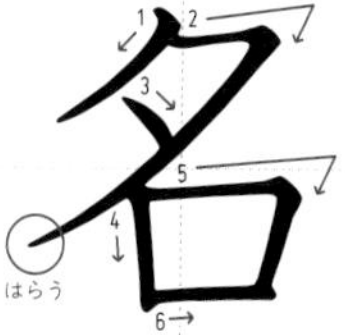


音 メイ・ミョウ 訓 な

うんこにはじゅうしょと（名）前（まえ）を書（か）いておこう。

1年生 058

**6画**

音 ジ 訓 （あざ）

かん（字）のれんしゅうにはうんこが一番（いちばん）だ。

1年生 059

**6画**

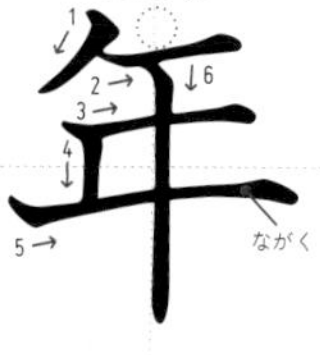


音 ネン 訓 とし

何（なん）（年）もかけてうんこをためている。

1年生 060

5画

ぼくは一（いっ）□（しょう）であと何回（なんかい）
うんこをもらすだろう。

057 1年生

6画

外国（がいこく）からうんこの□（めい）人（じん）がやってきた。

058 1年生

6画

あつめたうんこに
数（すう）□（じ）で番（ばん）ごうをつけよう。

059 1年生

6画

お□（とし）玉（だま）のふくろにうんこを入（い）れる。

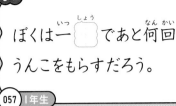

060 1年生

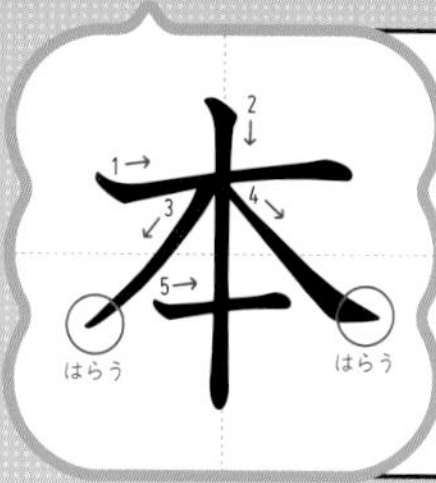


5画

音 ホン 訓 もと

図書(としょ)かんで
うんこの本をさがす。

1年生 061

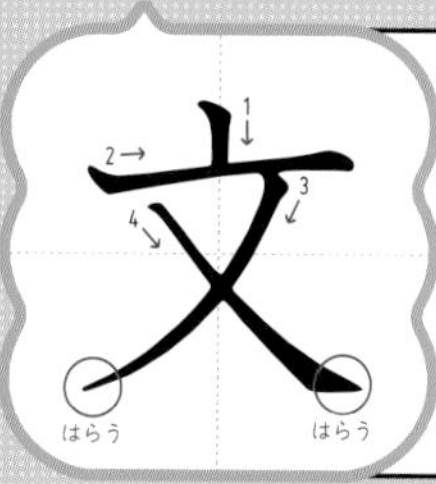


4画

音 ブン モン 訓 (ふみ)

このうんこには
何(なに)か文しょうが
書(か)いてあるぞ。

1年生 062

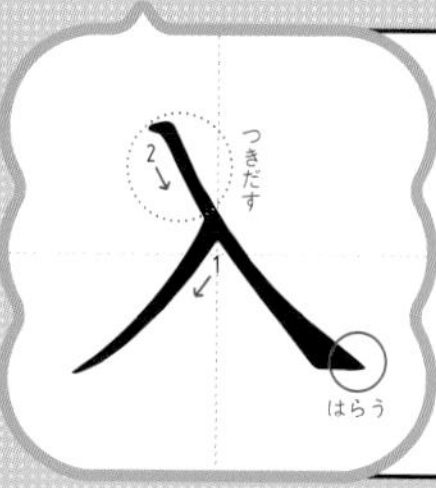


2画

音 ニュウ 訓 いる・いれる はいる

うんこの中(なか)に
何(なに)かきらきらしたものが
入っている。

1年生 063

5画

音 シュツ (スイ) 訓 でる だす

ぼくがしたくなくても、
かっ手(て)にうんこは出る。

1年生 064

5画

□(ほん)当(とう)に大(おお)きなうんこだ。

061 1年生

4画

うんこについての

作(さく)□(ぶん)を書(か)こう。

062 1年生

2画

うんこにあなをあけて

□(い)り口(ぐち)と出口(でぐち)を作(つく)る。

063 1年生

5画

今朝(けさ)、□(しゅっ)ぱつしてすぐに

うんこをふんだ。

064 1年生

## 立

5画

音 リツ（リュウ）　訓 たつ　たてる

ながく

うんこにろうそくを
（　）
立てる。

1年生 065

## 見

7画

音 ケン　訓 みる・みえる　みせる

うえにはねる

おじいちゃんが
（　）
うんこをじっと見ている。

1年生 066

## 休

6画

音 キュウ　訓 やすむ・やすまる　やすめる

はらう
とめる

気(き)をつけ！　（　）休め！
うんこ！

1年生 067

## 白

5画

音 ハク（ビャク）　訓 しろ・しら　しろい

ひだりしたに
「自」としない

お母(かあ)さんが
（　）
うんこに白い糸(いと)をむすんでくれた。

1年生 068

5画

き□(りつ)！　れい！　うんこ！

065 1年生

7画

うんこのような虫(むし)をはっ□(けん)した。

066 1年生

6画

うんこの絵(え)をかいていると、

気(き)もちが□(やす)まる。

067 1年生

5画

□(はく)紙(し)の上(うえ)にうんこをのせて

てい出(しゅつ)しなさい。

068 1年生

7画

音 セキ（シャク） 訓 あか・あかい あからむ・あからめる

先生は赤いチョークで「うんこ」という字を書いた。

1年生 069

8画

音 セイ（ショウ） 訓 あお あおい

青いうんこが出ました。

1年生 070

7画

音 チョウ 訓 まち

町から町へうんこをしながら歩く。

1年生 071

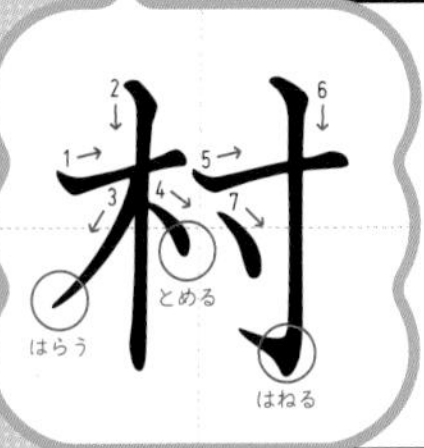


7画

音 ソン 訓 むら

ぼくの村でうんこをしていきませんか？

1年生 072

7画

※□(せき)道(どう)でうんこをしてみたい。

※せき道(どう)…北(ほっ)きょくと南(なん)きょくから同(おな)じ長(なが)さのところで、地(ち)きゅうを一(いっ)しゅうする線(せん)。

069 1年生

8画

□(あお)空(ぞら)にうんこをほうりなげた。

070 1年生

7画

□(ちょう)長(ちょう)のうんこを見(み)に行(い)く会(かい)。

071 1年生

7画

□(そん)長(ちょう)がうんこにむかっていのっている。

072 1年生

4画

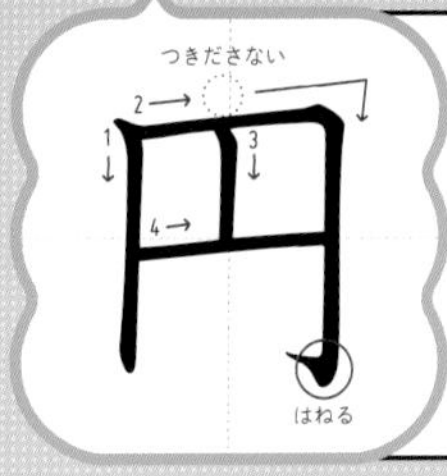


音 エン　訓 まるい

五百(ごひゃく)円（　）をくれたら、
今(いま)すぐここでうんこを
してみせよう。

1年生 073

6画

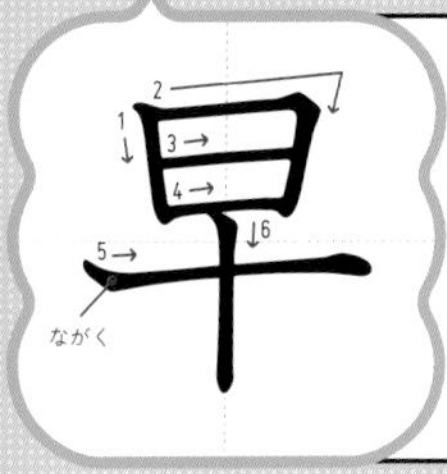


音 ソウ（サッ）　訓 はやい・はやまる はやめる

早（　）いものがちで
うんこをとり合(あ)った。

1年生 074

5画

音 セイ ショウ　訓 ただしい・ただす まさ

正（　）しいしせいで
うんこをします。

1年生 075

2画

音 リョク リキ　訓 ちから

お父(とう)さんはうんこを
しながら力（　）こぶを
見(み)せてくれた。

1年生 076

4画

うんこをならべて□(まる)いわを作(つく)った。

073 1年生

6画

□(そう)朝(ちょう)からお父(とう)さんの
うんこの音(おと)がうるさい。

074 1年生

5画

□(しょう)月(がつ)にしたうんこを
しゃしんにとってある。

075 1年生

2画

強(つよ)い火(か)□(りょく)でうんこをやく。

076 1年生

5画

音 ギョク 訓 たま

今日(きょう)はうんこで玉入(い)れをしましょう。

1年生 077

6画

音 シ 訓 いと

まるで糸のように細(ほそ)いうんこだ。

1年生 078

7画

音 シャ 訓 くるま

自(じ)てん車でうんこを引(ひ)きずってあそんだ。

1年生 079

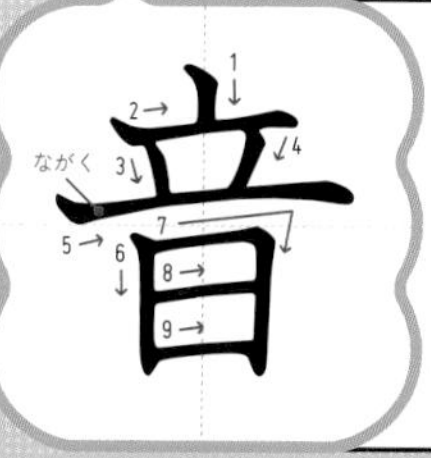


9画

音 オン (イン) 訓 おと ね

先生(せんせい)の足(あし)音が聞(き)こえたので教室(きょうしつ)でうんこをするのをやめた。

1年生 080

5画

ビー□(だま)をうんこにぶつけて
友だちとあそんだ。

077 1年生

6画

これは※せい□(し)工場で作られた
「うんこ糸」といいます。

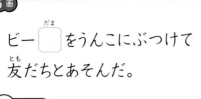

※せいし…糸を作ること。

078 1年生

7画

□(くるま)のトランクがうんこでいっぱいだ。

079 1年生

9画

きれいな□(ね)色のピアノが
うんこだらけになった。

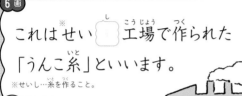

080 1年生